A must for everyone- Namrata Chaddha's book is beautifully lyrical and her message is convincing. It tells us of the hypocrisy of our society and the oppression of women, poor and the marginalised. She is someone with empathy we need to read and listen to

Abasar Beuria
Former diplomat

प्रिय नम्रताजी.
महान राज्य के महान नगरों मे से१ १०० वर्षप्राचीन भगवान लिँगराज, भगवान मुक्तेश्वर की पवित्र धरती और भगवान बुद्ध के स्तूप धौलगिरि और उदयगिरि की गुफाओं की महान और प्राचीन नगरी भुवनेश्वर है। इसी महान धरती की पुत्री नम्रताजी प्रदेश ही नहीं देश की सुविख्यात सामाजिक कार्यकर्ता है।नम्रताजी ने पूर्व महिला आयोग की सदस्य के पद पर रहते हुए महिलाओं के उत्थान और विकास के लिये बहुत कार्य किये है। साहित्य के क्षेत्र मे भी महत्वपूर्ण कार्य किये है।आपकी कई पुस्तकें प्रकाशित हों चुकी है। अपनी नवीन पुस्तक मे काव्यरूप मे आपने हर पक्ष को स्पर्श किया है। आपके द्वारा लिखी आईना स्त्री विमर्श को केंद्र मे स्थापित करते हुए उसे मानवीय गरिमा प्रदान करने का अक्षुण्ण प्रयास अति वन्दनीय है। यह पुस्तक साहित्य जगत मे अवश्य उत्कृष्ट स्थान प्राप्त करेगी। उत्तरभारत की सबसे पुरातन हिन्दी सँस्था-हिन्दी सभा सीतापुर आपको शुभकामनाएं प्रेषित करती है।
आशीष मिश्रा.
अध्यक्ष. हिन्दी सभा. सीतापुर(उ.प्र.)

आईना

आईना
(समाज का प्रतिबिंब दर्शाती कुछ क्रांतिकारी कविताएं)

नम्रता

BLACK EAGLE BOOKS
2020

BLACK EAGLE BOOKS

USA address:
7464 Wisdom Lane
Dublin, OH 43016

India address:
E/312, Trident Galaxy, Kalinga Nagar,
Bhubaneswar-751003, Odisha, India

E-mail: info@blackeaglebooks.org
Website: www.blackeaglebooks.org

First International Edition Published by
BLACK EAGLE BOOKS, 2020

AAINA
by **Namrata**

Copyright © **Namrata**

All rights reserved. No part of this publication may be reproduced, stored in a retrieval system, or transmitted, in any form or by any means, electronic, mechanical, photocopying, recording or otherwise without the prior permission of the publisher.

Cover : **Umasankar Bhuyan**
Interior Design: Ezy's Publication

ISBN- 978-1-64560-107-4 (Paperback)

Printed in United States of America

मेरी ममतामयी स्व. नीलम दीदी की स्मृति में समर्पित ...

अपनी बात

कविवर जयशंकर प्रसादजी के शब्दों में कहें तो "नारी तुम केवल श्रद्धा हो।" नारी जीवन के हर एक पड़ाव में सुख-दु:ख सहती हुई, अपने हिस्से का जीवन जीती है, बस चाहिए तो उसके मन को पढ़ने वाली दृष्टि। मुझे बचपन से ही साहित्य के प्रति लगाव रहा है, किन्तु, विवाहोपरांत घर गृहस्थी में ही फँस कर रह गई और जब घर से बाहर कदम रखा, तो महिलाओं के अधिकारों के लिये संघर्षरत हो गई। दिल के उदगारों को पन्नों पर कविता का रूप देती रही जो यदा-कदा पत्रिकाओं में प्रकाशित भी होती रहीं और कभी-कभी तो मेरी लेखनी अल्मारी की शोभा भी बढ़ाती रहीं। काम की व्यस्तता में कभी कुछ लिखा भी तो कानून, कर्तव्य, अधिकारों अथवा समसामयिक विषयों से ऊपर सोच ही नहीं पाई।

आज जबकि सम्पूर्ण विश्व करोना की चपेट में आया हुआ है, सब तरफ तालाबन्दी है लेकिन प्रभु कृपा से मैं आज भी पूरी सावधानी के साथ जरूरतमंदों को राहत पहुंचाने का काम कर रही हूँ। लोगों की सहायता करते हुए मैंने जीवन को बहुत करीब से देखा और मेरे अन्दर की कवयित्री एक बार फिर से बाहर आने को आतुर हो उठी।

इस काव्य संग्रह की प्रस्तुति में मुझे कईयों ने सहयोग दिया जिनमें सर्वप्रथम नाम मेरी माँ सरीखी साहित्य प्रेमी श्रीमति गीता नरूला एवं उनके भतीजे श्री सोम नरूलाजी का विशेष योगदान रहा है, मैं उनकी हृदय से आभारी हूँ।

आकाशवाणी, कटक के नामिकायित (एम्पेनल्ड) उदघोषक तथा विशिष्ट अनुवादक श्री प्रकाश दवे ने पुस्तक को इस रूप तक पहुँचाने में पूरा सहयोग दिया है, मैं उनकी भी आभारी हूँ।

इसके साथ ही मुझसे हजारों मील दूर बैठे प्रकाशक सत्य पटनायक जी ने फोन के माध्यम से बड़ी आत्मीयता के साथ उचित निर्देश देकर पुस्तक को लिपिबद्ध करने में सहयोग दिया है। मैं उनके प्रति अपने आभार व्यक्त करती हूँ।

मैं उन सभी का हृदय से धन्यवाद करती हूँ, जिनके सहयोग से मेरी भावनाएँ आप तक पहुँची हैं। जीवन की आपाधापी से समय निकालकर आप मेरे साथ जुड़े हैं, धन्यवाद। यदि मेरी कुछ पंक्तियाँ आपके हृदय को छू सकें तो मैं स्वयं को भाग्यशाली समझुंगी।

आपकी,

नम्रता

सूची

कलम	१५
अजन्मी बेटी	१६
बूँदें बारिश की	१९
स्वाभिमानी नारी	२२
गृहलक्ष्मियाँ	२४
नासमझ औरत	२६
इतना सा ही है भेद	२८
नजर	३१
नारी बन तू क्रांतिकारी	३५
मेरा खंजर	३७
अहंकार	३८
चर्चे	४१
तेजस्विनी नारी	४३
कौन है ये लोग	४५
मैंने तो केवल प्रेम करना चाहा	४९
आधिपत्य स्वीकार नहीं	५२
महिला दिवस	५४
साथी	५७
काश	५९
भीगा हुआ कोना	६१
राखी	६४
राष्ट्र, तू है किसका?	६६

आंकड़े	६८
चिरंतन	७२
शवगृह	७४
श्रमिक दिवस	७९
जीवन शैली	८१
तालाबन्दी	८५
ये रोटियां	८८
हम जरुर मिलेंगें	९०
रेत	९३
एक अनुभव	९५
चुनौती	९८
अकेलापन	१००
चिरैया	१०४
मन की चाहतें	१०६
पैसा	१०९
रुक जाना नहीं	११२
मुक्ति	११३
रचयिता	११५

कलम

अनकही बातें
दबी चीखें
कायर
मुँह छुपा जीती रही
कलम की धारा
बिना शोर किये
सब कहती चली गयीं
शब्दों की जादुगरी
कोरे पन्नों पर
बिखेरे
तपती रेत को
शीतल जल से साँचती चली गयी
जीवन में आये
किरदारों की कहानियाँ
लिखती चली गयी।

अजन्मी बेटी

बैठा जा रहा है माँ का दिल
और बाबुल भी है कुछ बेचैन
मिल जो गई है खबर उन्हें
फिर से आ रही हूँ मैं
इस दुनिया में।।

 पाते ही आहट मेरे आने की
क्यों बदल गई नजरें सबकी
क्यों घेर लिया है गम ने,
क्यों रुठ गए अपने मुझसे
इस दुनिया में।।

लम्हे कुछ खुशी के
स्नेह की कुछ लड़ियाँ
ममता की छाँव
सिमटी हुई कुछ घड़ियाँ
चाहती हूँ मैं भी बिताना
इस दुनिया में।।

शान से, खुशी के साथ
निज भाइयों की तरह जी कर

कुछ बनकर मैं भी
चाहती हूँ जीना
इस दुनिया में।।

पर एहसास है मुझे
आ न सकूँगी मैं जिंदा
आएगा मेरा लहू-लुहान शरीर ही
और घायल आत्मा
इस दुनिया में।।

माना, खुश होता है सबका दिल
बेटों के आगमन से
वो दिल के टुकड़े हैं ?
तो कौन हूँ मैं ?
एक खिलौना बेजान सा
कब मिटेगा यह भेद ?
इस दुनिया में।।

सहकर सदियों से अपमान
खोई हजारों बार अपनी जान
मात्र इस आशा के सहारे
कभी तो मिलेगा मुझे
मेरा पूरा हक और सम्मान
लो, फिर से मैं आ रही हूँ
इस दुनिया में।।

करो न नाश मेरा गर्भ में ही
हूँ इक नन्हीं सी जान मैं भी
लड़की ही सही पर

विधाता की पहचान हूँ मैं भी
 कुछ सपने मेरे भी है
सभी हो तुम मेरे अपने
होता है दर्द मुझको भी , न मारो मुझे
आने दो मुझे आने दो।।

बूँदें बारिश की

रिमझिम टपकती बारिश की बूँदें
पड़ें जब छिटक कर
दुधमुंही बच्ची के गालों पे
झट से दुबक जाये वो
माँ की छाती से
अपनी नन्ही आँखे मूँदें
न देखना चाहे
टपकती बारिश की बूँदो को

रिमझिम टपकती बारिश की बूँदें
हौले से गिरे जब
नटखट बच्ची के सिर पे
तालियाँ बजाती झुम उठे वो
झट से किताब के पन्ने फाड़
बनाये छोटी सी नाव

नाली के बहते बारिश
के पानी में
जहाज अपने चलाये
बार - बार हथेली पर

पड़ती बूँदों को चूमें
अपनी नन्ही आँखें मूँदे

रिमझिम बारिश की बूँदें
जब छुए तरुणी के तन को
सिहरन सी जाग उठे
मन मयूर नाच उठे
प्रियतम के मिलन की आस में
छुप - छुप कर भीगती रहे
अपनी स्वप्निल आँखें मूँदें

रिमझिम ये बारिश की बूँदें
जब भिगोये नई नवेली
दुल्हन के आँचल को
शर्म लिहाज छोड़
लिपट जायें दौड़कर
अपने साजन की बाहों में
मेहदीं रचे हाथों से
सहलाये अपने गालों को
पड़ती बारिश की बूँदों को सहेजे
आशाओं से भरी अपनी आँखें मूँदें

रिमझिम टपकती
बारिश की बूँदें
जब गिरे गृहणी के आँगन में
हड़बड़ाती हुई, दौड़ती - गिरती पड़ती
छत की ओर भागे
सूखते पापड़ आचार को उठाने
बच्चों के अधसुखे कपड़े समेटते

निचोड़ते, बड़बड़ाते हुए
दे सौ उलाहने
गुस्से में आँख मूँदें

रिमझिम टपकती बारिश की बूँदें
प्रौढ़ा को एकदम न सुहाये
गीले संगमरमर के फर्श पर
पैर फिसलने का डर सताये
घर के रंग को बदरंग होता
न चाहे देखना
जी भर के बारिश को कोसे
गालियाँ दे आँखें मूँदें

रिमझिम बरसती बारिश की बूँदें
ढलती उम्र के आखिरी दिनों में
जानी दुश्मन बन जाये
न साँस लेते बने न छोड़ते
बस बीमारी ही साथ लाये
अकेली, बेबस, कमजोर सी
अपने बिस्तर पर लेटे लेटे
हाथ जोड़ करे विनती
अबकी बार बस और न बरसना
नहीं चाहती और देखना तुमको
हताश सी, उदासीन सी बोले
अपनी आँखें मूँदें
रिमझिम टपकती बारिश की बूँदें।

स्वाभिमानी नारी

तुमने स्वयं को समझ कर
जाना - पहचाना और
बदल दिया है जमाना

लाड़ो को सिखाया
आत्मनिर्भरता का मंत्र
जिसने कालांतर में बनाया उसे स्वतंत्र

स्वच्छन्द मत कहो इसे
कहो है यह निरंकुश
रहता न जिस पर कोई गलत अंकुश

जो दोगे सम्मान
तो पाओगे सम्मान
कम नहीं है किसी राजकुमारी से
संस्कारों में इसके बसा है स्वाभिमान

मिला ना सके जो तुमसे निगाहें
हो रहा है वही अधीर
कुछ भी कोई क्यों कहे
रहो न तुम धीर गम्भीर

अबला को सबला बनना होगा
पाना है सम्मान तो
स्वयं को बदलना होगा

पुरुष के आगोश की
स्वार्गिक कल्पना से स्वयं को बचाना होगा
और भी स्वर्ग हैं धरा पर
मर्द के आलिंगन के सिवा

हो नहीं कम तुम किसी मर्द से
अनगिनत राहें हैं
वासना की राह के सिवा

कर रक्षा तुम स्वयं की
करने स्त्रीत्व की रक्षा
तुम्हें आगे आना होगा
पीछे होगा जमाना तुम्हारे
सबके आगे होगी तुम !!!

■

गृहलक्ष्मियाँ

दवाखानों के अन्दर
    इन्तजार करती
अपने घावों पर मरहम पट्टी करवाती

हस्पतालों के अन्दर
    हाथ - पैरों की टूटी हड्डियों पर
    प्लास्टर चढ़वाती

थाने की दहलीज पर
    डर - डर कर
अपने पर हुए
    जुल्मों को बयान करती

कचहरी के अन्दर बाहर
    हर तारीख पर
परेशान सी चक्कर काटती

समाज के ठेकेदारों की
    भरी पंचायत में
बिना गलती के माफी मांगती

दुत्कारते खाने, वापिस घर
      आने को मजबूर होती
कमबख्त इतनी आसानी से
      मरती भी नहीं
ये करम जलियाँ
      हमारी गृह लक्ष्मियाँ।

नासमझ औरत

टूटे कंगूरे , बदरंगी दीवारों पर
लटकते-झूलते मकड़ी के जालों को
कैसे बेदर्दी से झाड़कर, तोड़कर
दीवारों को साफ करती हो

न जाने कितने ढेरों
झूठे - जले बर्तनों पर
जमी झूठन - चिकनाई को
घिस घिस कर, माँज कर
चमकाती हो

धूल-मिट्टी, पसीने की बदबू में लिपटे
मैले कुचैले कपड़ों को
पीट पीट कर धोकर
उनमें निखार लाती हो

पाखण्डियों के दिमाग में
जमी हुई दकियानूसी सोच ,
चिकनाई पर फिसलते - बदलते
झूठे - रीति रिवाज ,
बदबूदार पाबंदियों से लिप्त

बन्धी जंजीरों के बोझ को
क्यों अपनी किस्मत मान लेती हो ?
तुम कितनी नासमझ हो,
तुम कितनी नासमझ हो।

इतना सा ही है भेद

रहती है दो अल्हड़ सी लड़कियाँ
मेरे घर के सामने
एक है कुछ अधिक ही गरीब
और दूजी है बेइंतहा अमीर
बस, इतना सा ही है भेद।।

होती नहीं नसीब प्रतिदिन
एक को दो जून की रोटी
तो दूजी भूखी रहकर
बनाती है अपना बदन कमसिन
बस, इतना सा ही है भेद।।

उस रात को अकस्मात
हो गई दो बातें एक साथ
जिन्दगी की गहरी सच्चाई से
हो गई मेरी मुलाकात।।

जाना -
नुक्कड़ के अधेड़ बीमार शराबी ने
इक की माँग को भरकर सिन्दूर से
दे डाले सौगात मे अपने तीन बच्चे उसकी झोली में।।

और उसी रात
टी वी पर देखा तो जाना
दूजी ने
जीता है सुन्दरी का ताज
सभी दीवाने सौगात में भर रहे थे
सोने चाँदी के जेवरात उसकी झोली में
बस इतना सा ही है भेद।।

आजकल,
इक अपने पति के इलाज के लिये
बिकती है रोज आदमखोरी के बाजार में
दूजी भी शोहरत के लिए
बिकती है रोज
नुमाइश के बाजार में
बस इतना सा ही है भेद।।

और अब हम
निकल जाते हैं आगे
इक को दुत्कारते हुए
और दूजी को चाहते हैं बिठाना
अपनी पलकों पर
बस , इतना सा ही है भेद।।

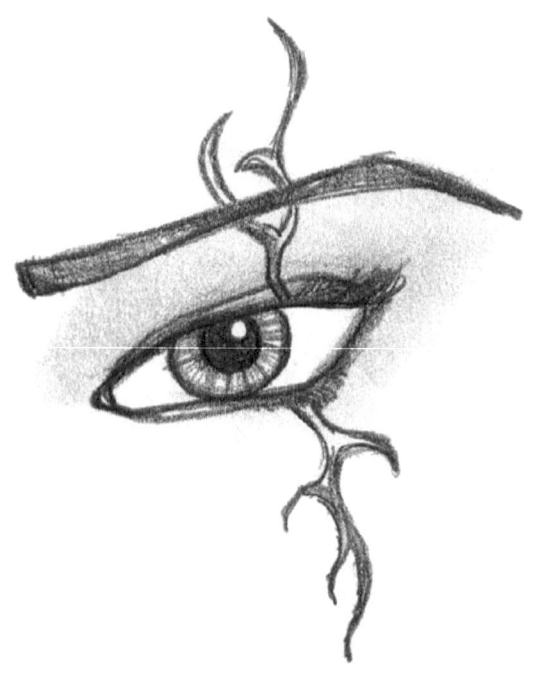

नजर

टिकी रहती है नजर हरेक की
किसी ना किसी पर
अब चाहे यह अच्छी हो या बुरी
नजर तो नजर ही होती है।।

डॉक्टर की नजर होती है
मरीज की लम्बी बीमारी पर
तो वकील की नजर
मुवक्किलों की बढ़ती तारीख पर
इन्जीनियर की नजर टिकती है
ठेकेदारों से ली मोटी रकम पर
अब ये अच्छी हो या बुरी
नजर तो नजर ही होती है।।

अध्यापकों की नजर
मूर्ख विद्यार्थियों की ट्यूशन पर
तो कॉलेज के प्रिन्सिपल की नजर
जाती है नालायक औलाद के लिये डोनेशन देनेवालों पर
होती है सरकारी बाबू की नजर
चापलूसी करके प्रोमोशन पाने की
रहती है नजर हर एक की

किसी न किसी पर
अब ये अच्छी हो या बुरी
नजर तो नजर ही होती है।।

मन्दिर के पुजारी की नजर
भगवान के सोने-चाँदी के चढ़ावे पर,
तो मस्जिद में मौलवी की नजर
अपनी कौम की बढ़ती आबादी पर,
चर्च में पादरी की नजर
विलायत से आने वाली भारी रकम पर
अच्छी हो या बुरी
नजर तो नजर ही होती है।।

सास की नजर
बहू के दहेज पर,
तो पत्नी की नजर
पति के नोटों से भरे बटुए पर,
दामाद की नजर रहती है
बूढ़े ससुर की जायदाद पर,
और ननद की नजर
ढूँढ़ती है भाभी की शानो-शौकत को
वही जीजा की नजर
साली की अठखेलियों पर
अच्छी हो या बुरी
नजर तो नजर ही होती है।।

बूढ़े बाप की नजर
आवारागर्द होते बेटे पर,
तो मजबूर माँ की नजर

अपनी जवान होती बेटी पर,
कुँवारों की नजर
मौहल्लें की कुँवारी लड़कियों पर,
और शादीशुदा मर्दों की नजर,
दूसरों की सुन्दर पत्नियो पर
अच्छी हो या बुरी
नजर तो नजर ही होती है।।

पार्टी नेता की नजर
पिछडे वर्ग के वोटों पर,
तो निर्दलीय नेता की नजर
गठबन्धन सरकार में भारी रकम के बदले
अपना समर्थन देने पर,
लालची नेताओं की नजर
अच्छा मंत्री पद पाने पर,
देश को बेच कर
बड़े - बड़े सौदे करने पर
अच्छी हो या बुरी
नजर तो नजर ही होती है।।

गरीब किसान की नजर
खेतों में लहलहाती फसलों पर
कवियों की नजर
दूर आकाश में चमकते चाँद - तारों पर,
तो भूखे की नजर
चाँद जैसी गोल रोटियों पर,
सूदखोर अमीर की नजर
अभावग्रस्त व्यक्ति की आवश्यकता पर
अच्छी हो या बुरी

नजर तो नजर ही होती है।।

हरेक की नजर
किसी न किसी पर
टिकी रहती है।।

हे ऊपरवाले !
किसी की भी नजर चाहे जैसी भी हो,
तुम हम पर ये उपकार करना
अपनी नजरे करम से
मेरे देश को सदैव बचाए रखना।

नारी बन तू क्रांतिकारी

विधाता की कल्पनाओं की कविता हो तुम
अपार शक्ति का स्रोत हो तुम
पहचानो स्वयं को नारी तुम

नकल न करो पुरूषों की तुम
तौलती हो क्यों अपने को उनसे
प्रवाहित है तुम्हीं से गरिमा स्वाधीनता की

क्यों बनती हो पुरूषों की छाया
नहीं हो तुम देश की मात्र एक नागरिक
क्यों समझती हो अपने को
दुर्बलता की प्रतिमूर्ति
पहचानो अपने सामर्थ्य को

अन्तरमन में अपनाकर लज्जा, संकोच को
करती हो क्यों उनका गुणगान ?

कहता फिरे पुरूष अपने को चाहे
दुराचारी, भ्रष्टाचारी अथवा अत्याचारी
बना हूँ दुष्कर्मी, नारी के मोह में
बनती हो तुम क्यों भागीदार

ऐसे स्वार्थी पुरूष के पाप में
जो बना बलात्कारी देख तुम्हारी
भाव भंगिमाओं को।

क्यों बनो भोग की वस्तु
करो त्याग अपनी दुर्बलताओं का
करो न कामना उनसे
अपने शील की रक्षा का
हो तुम निर्मल, प्रखर
चेतना के मार्ग में
तुम हो सृजनशील,
क्योंकि तुम स्वयं सृष्टि हो
नारी उठो जागो और
करो सृजन नई क्रांति का।

मेरा खंजर

हाँ,
मैं अवतरित नहीं हुई
किसी से
मैत्री या बैर करने के लिये
मेरे हाथ का ये खंजर
न ही किसी की
पीठ में घोपने के लिये
ये तो है केवल
दूषित सोचधारी
अज्ञानी महिषासुरों के
वध के लिये।

अहंकार

एक नारी और एक पुरुष
जीवन जीने के लिये दोनों ने
मन वांछित संसार रचना चाहा

साधना की पवित्र भावना ने
लिया जन्म दोनों के मन में
और
अलग अलग दिशाओं में
हुए अग्रसर दोनों

वर्षों तक सफल साधना कर,
प्राप्त कर कुछ विशेष सिद्धियां,
हुए आतुर दोनों परस्पर मिलने को
अपना अपना ज्ञान संजोए

किया निश्चय पुन: मिलने का
उसी चिर परिचित मार्ग में
किंतु न जाने कैसे सहसा जगा
पुरुष के मन का छिपा "अहम"

किया अनुरोध नारी से उसने
करूँगा वार्तालाप विचरते हुए,
उसी जलाशय की सतह पर।

थी नारी सयानी,
भाँप गयी पुरुष-मन के अहम को
बोली, चलो प्रिये
करते हैं विचरण पानी पर
किंतु तत्पश्चात् तुम उड़ना
आकाश में मेरे साथ
कुछ अपनी कहना
कुछ मेरी सुनना
अनभिज्ञ था पुरुष, उड़ने की विद्या से
अकस्मात् ही शांत हुआ
उसका उमड़ता अहम

तभी विदुषी नारी का
मधुर स्वर गूंजा
क्यों करें हम
अपनी सिद्धियों पर अहंकार

आता है पानी में तैरना
छोटी सी मछली को भी
दूर गगन में उड़ जाता है
बिन साधना के पंछी भी

आओ चलो, हम दोनों भी
कुछ नया अनुसंधान करें
साथ साथ चल सकें जहां हम

ऐसी राह पर कदम भरें
ऐसी धरती का निर्माण करें
अपने साधनों से प्राप्त
अहम् का त्याग कर
एक दूसरे का सम्मान करें।

चर्चे

हर शहर, हर कस्बे में,
दूरदराज बसे गांवो में,
प्रार्थना सभाओं में,
सम्मानितों की
गोष्ठियों में ,
होते हैं उसके किस्सों के चर्चे,
जहां -जहां से गुजरी वो
रुख हवाओं ने बदले
वो बेखबर सी बढ़ती गई आगे,
रह गये पीछे उसके चर्चे।

कई लगा बैठे
न जाने कितनी शर्तें
उसे हँसाने की,
कइयों ने कोशिश की
उसको रुलाने की,
उसने तो चुटकियों में
सभी के अरमान कुचल दिए।

उसे पाने की चाह में,
हराने की चाह में,

दोस्ती के वेश में,
लूटने की चाहत में,
लोग व्यर्थ साजिशें
करते रहे मानो
कोयले की कालिख से
रंगे हांथों से
सोने की शुद्धता को
परख रहे हों।

जब होने लगे नाकाम
उसे पाने की
अपनी हर कोशिश में
तब,
कई किस्से,
कई फसाने,
खुद ही बना दिये,
उसके नाम के चर्चे करने लगे।

तेजस्विनी नारी

मेधावी तेजस्विनी नारी
अग्नि सूर्य के समान,
स्वयं झुलसती है,
अपने ही परिजनों से
बहुधा आहत होती है।
किंतु,
वो सदा अपने ही तेज से होती है आहत।
आजीवन अपनी ही
वेदना में जलती है,
विषम परिस्थितियों में झुलसती है,
अपने ही अंतर्द्वंद में जला करती है।
उसकी आत्मनिष्ठा में
संशोधन की
कोई गुंजाइश नहीं रहती
क्योंकि
वह चट्टान जैसी अटल, सिद्धान्तों में दृढ़,
अपनी मान्यता की
अटूट लगन को
सत्य से डिगने नहीं देती।
इसीलिए ,
मान-सम्मान, अपमान की

कोई परवाह न करते हुए
मिलने वालों को लुभाने की
कोई चेष्टा भी नहीं करती।
अपना सब कुछ अपनों पर
हर क्षण बलिदान करती।
किंतु,
परिवार की कभी कर्णधार नही बन पाती।
दूसरों की संतानों को अपनाती,
एकनिष्ठ लालन-पालन करती,
मतभेदों की गूंज में
कभी उद्विग्न हो उठती,
तो कभी करुणा और ज्ञान से
अपनी प्रशांत काया को
परिजनों पर न्यौछावर करती।
षड्यन्त्रकारी समाज की बेड़ियाँ तोड़
उसे विवेक सम्मत चेतावनियां देती।
अपनी जीवन संध्या के मोड़ पर,
गोधूली का मटमैलापन लिए,
सभी की विरोधी बन जाती
वो अकेली तेजस्विनी नारी।

कौन हैं ये लोग

कौन हैं ये लोग ?
जो मस्त पंछी सी
उड़ती बिटिया के पंख काट
उसे बाल विवाह में
बांधने को रहते तत्पर।

कौन हैं ये लोग ?
जो माँ सरस्वती सी शांत,
सरल बुद्धिमती किशोरी से किताबें छीन
जूठे बर्तन मलवाते,
अपने उजले कपड़ों पर जमी मैल
नन्ही हथेलियों से धुलवाते।

कौन हैं ये लोग ?
निर्भीक, नवयौवना के
हौसले से डर
उसपर तेजाब फेंकते
उसके आत्मबल को
पैरों तले कुचल
खुद तन कर चलते।

कौन हैं ये लोग ?
सपनो में खोई
प्यारी सी तरुणी की
कोख में झूठे प्रेम की
निशानी छोड़,
मुँह छुपा भाग जाते।

कौन हैं ये लोग ?
जो बिनब्याही माँ के मातृत्व को
भरे बाजार कलंकित कर
पिता की पहचान न देते अपनी औलाद को।

कौन हैं ये लोग ?
चुपचाप सेवा करती
विधवा को बोझ बताते,
शुभ काम करते समय
उसे मनहूस कह दूर भगाते।

कौन है ये लोग ?
शादी के पवित्र बंधन को
दौलत की तराजू में तोलें
लालच में अंधे
अपनी गृह लक्ष्मी को
जीवित जला डालें।

कौन है ये लोग ?
जो अकेली औरत को
वासना की नजर से देखें
उसे पाने को

सारे जाल बिछाएँ
हाँथ न आए तो
चरित्रहीन का ठप्पा लगाएँ।

कौन हैं ये लोग ?
जो दिन रात छिप कर,
सुंदर परियों को
टीवी, किताबों और
फोटो में देखें।

कौन हैं ये लोग ?
दरगाह में रेशमी चादरें,
मंदिर में गहने,
चर्च की पेटियों में रुपये,
गुरुद्वारों में दान के अंबार लगाएँ
लेकिन मेहनती मजदूरों का
हक देने में हाथ खींचें।

कौन है ये लोग ?
दानवीर का मुखौटा पहने
चारों ओर घूमते फिरते
चंद सिक्के दया में देकर
अपनी तस्वीर छपवाते
अपना ही प्रचार करते।

कौन हैं ये लोग ?
किसी दूसरी दुनियाँ के तो नहीं ?
शायद, कहीं हम ही तो नहीं ?

■

मैंने तो केवल प्रेम करना चाहा

मैंने तो केवल
प्रेम करना चाहा
उड़ते बादलों से छनकती चाँदनी बन
धरा पर बिखरना चाहा

लेकिन
   अम्बर में चमकता शीतल चाँद
   धीमे धीमे घटने लगा
   चाँदनी को डस कर
   घुप अँधेरा में परसाने लगा
   ध्रुव तारे ने भी छोड़ा साथ
   विवर्ण सा आकाश
मुझे समझाया गया
   प्रेम अंधा कुँआ
   वो तुम्हें ले डुबेगा
   मैंने तो केवल प्रेम करना चाहा।

घनी मेघमालाओं की फुहारों से
सूखी - अतृप्त मिट्टी को
चुमना चाहा
मेघनाद प्रचण्ड हो गरजने लगा

कड़कड़ाती बिजलियाँ
रौद्र रुप लिये, पागलों सा
बरसने लगा।
मुझे समझाया गया
प्रेम का भयंकर रुप तुम्हें उड़ा ले जायेगा
   मैंने तो केवल प्रेम करना चाहा।

उगते प्रभाकर की सुनहरी किरणों से
सभी के तन को छुना चाहा
वो तो अंगारे बरसाने लगा
अपने तेज से कण कण को
झुलसाने लगा
दरारों भरी म्लान प्रकृति को
बूँद बूँद को तरसाने लगा
मुझे समझाया गया
प्रेम अग्निपुंज है वो स्वाहा कर देगा
   मैंने तो केवल प्रेम करना चाहा।

ऊँचे विराट पर्वतों से हिम शिखर,
अटल सीना लिये सहारा देना चाहा
वो तो बर्फ के गोले बरसाते
विकराल प्रलय रचाने लगा
राह के कंकड़ पत्थर, बागान घर
निर्दोष जीवों के प्राण हरने लगा।
मुझे समझाया गया
प्रेम विनाशकारी जलप्रवाह है
वो बहा ले जायेगा
   मैंने तो केवल प्रेम करना चाहा।

असीम घने वनों उपवनों से
पेड़ की ठण्डी छाया
लहराती लताओं की तरह
आंलिगंन में बांधना चाहा।
वहाँ तो टेढ़े मेढ़े कंटीले रास्ते
सबल करे निर्बल का शिकार
जीने के वास्ते
वहाँ तो केवल जंगल राज
मुझे समझाया गया
प्रेम जाल है वो निगल जायेगा।
मैंने कब अधिक की तमन्ना की
शायद लोग प्रेम करना भूल गये
   मैं फिर भी प्रेम करूँगी
      मीरा बनकर
उसमें अपना अस्तित्व विलीन कर।

आधिपत्य स्वीकार नहीं

जिसके दिल मे अपनों के लिए,
अपनेपन की चाह नहीं।
पराजित शत्रु के लिए,
माफी का बड़प्पन नहीं।
जिनका मकसद है,
सजा देने की सोच और मात्र प्रतिशोध।

जो कस्मित की लकीरों के बीच,
छिपी रहम की बातें देखे नहीं
बुद्धि मे बसी संकरी सोच
खुदगर्ज बन, करे अनदेखी,
जिसे अपने बनाये रास्ते ही लगें सही
दूसरों की करें अवहेलना,
न बनें किसी का मददगार,
न गरीबों की करें खिदमत,
हमेशा नाखुश
और रहें बेचैन से।

लगे ये दुनिया उन्हें बेमानी,
मासूमों को सताएँ,
अपना गुरूर दिखाएँ,

जिनके दिल में
होती नहीं बर्दाश्त औरों की खुशी।
लगे बेमानी सब अपने सिवा,
मौत सी खामोशी की दहलीज पर भी
है तन कर खड़ा,
सूखी उम्मीदें और ऐंठी तमन्नाएँ
उदासीनता की मोटी सलवटों से,
भरे दिल से मेरा साथ माँगे।

स्वीकार नहीं मुझे उसका आधिपत्य।

महिला दिवस

चारों ओर चहल-पहल,
सजे हुए मंच
एक दूसरे को बधाई देते
पुरस्कार बाँटते
आँखों देखी बहादुरी के
किस्से पढ़ते - सुनाते
महिला दिवस मनाते।

कहीं गीत बजाते
कहीं रैलियाँ कराते
बेमतलब के चर्चे करते
बेमानी सी बहस छेड़ते
तो कहीं कहीं
नुक्कड़ नाटक कराते
पुरस्कृत फिल्में दिखाते
इन मौज मस्तियों के
मेले में
महिला दिवस मनाते !

हम क्यों हो जाते
इस कदर अंधे, कितने निष्ठुर

देखना ही नहीं चाहते
वो औरतें
जिनकी उजड़ गयी दुनियाँ

रोती माताओं की
बिलखती बेटियाँ
असहाय अबलाओं की
भूखी बच्चियाँ
मजबूर रिश्तों में
सिसकती कलियाँ

थके से पैर
ठिठकते कदम
बिखरे बाल
चरमराये चेहरे
चूर - चूर होते सपने
निराश खोखलापन लिये

टूटे घरोंवाली
बिखरी बस्तियाँ
अनकही नजरें
झुके कन्धे
उघड़ा यौवन
मैला आँचल
फटा दामन ओढ़े

अपरिचित सी
मिटी हुई हस्तियाँ
इन पर भी

कभी अपनी नजर डालो
अरे ओ शौक से
महिला दिवस मनाने वालों ।

साथी

ठहरी हुई झील में
एक कंकर फेंक
तरंगें पैदा कर
कोई चुपके से आकर
नसों में बहते
ठण्डे खून में
समंदर की आजाद
लहरों सी
रवानियाँ छेड़ने लगे
कोई चुपके से आकर
मेरी उदास जिन्दगी
खुशियों से भर जाये
ठहरे हुए कदम
नींद से कोसों दूर
वीरान आँखें
कभी ना
धड़कने वाले दिल में
अलमस्त हो
गुनगुनाते हुए
बेचैन दिल की
सँकरी गलियों में

कोई चुपके से आकर
क्यों ना
बसना चाहे ?
सब्र का बोझ ढोती
झुलसी - सी
लम्बी उबाऊ
जिन्दगी में
धुन्ध के परे
कुछ नमी लिये
रोशनी की चन्द किरणों में
आती हुई बहारों में
कोई चुपके से आकार
क्यों ना
यहीं ठहर जाना चाहे ?

काश

मुझसे कोई
आकर ये कहता
मैं
तुम्हारे पास हूँ
रोम रोम में बसा
सिहरन मैं हूँ
हवाओं में बहता
हर साँस में हूँ।

काश
मुझसे कोई
आकार ये कहता
मैं
आँखों में बन्द
चाहतों में हूँ
खुली पलकों की
आस में हूँ
नजरों के
एहसास में हूँ

काश
मुझसे कोई
आकर ये कहता
मैं
जिन्दगी के सफर की
सुहानी राह में हूँ
अनकही चाहतों के
घर के अन्दर
मचलते मन की
दहलीज के बाहर हूँ

काश
मुझसे कोई
आकार ये कहता
गहरी नींद के
मीठे सपनों में
भटकती राहों की
छोटी-छोटी खुशियों में
प्यार में की
थोड़ी सी नादानियों में
रंगीन दिल में
छिपी वीरानगियों में
बेखबरी से उड़ते
आंचल की ओट में
वहीं कहीं छिपे
एहसास में हूँ
मैं तुम्हारे पास हूँ।

भीगा हुआ कोना

बारिश की बूंदों से
तन तो भीगे ही,
मन के भीतर का
इक कोना भी
सदा ही भीगा रहे।
कभी किसी के दिये
आंसुओं में,
कभी मान में,
कभी अपमान में,
कभी सम्मान में,
कभी अभिमान में,
कभी सरलता में,
कभी मुश्किलों में,
कभी निदान में,
कभी सफलताओं में,
कभी असफलताओं में,
कभी कर्मों के दान में,
कभी विधि के विधान में,
कभी न
बहने वाले आंसुओ में,
कभी दिल मे दबी

वासनाओं में,
कभी तृष्णा में,
कभी जलन,
तो कभी घृणा में,
कभी कुछ
खोने के डर में,
कभी किसी को
पाने के मद में,
कभी दूसरों के
दु:ख में,
कभी अपने ही
सुख में,
कभी अकेलेपन की
रातों में,
कभी चहकते दिनों की
ढेरो बातों में,
कभी किसी की
जीत में,
कभी छोटी सी
हार में,
कभी जी भर
जीने की चाहत में,
कभी मर कर
पानेवाली राहत में,
कभी दूजों की
दवा बनने में,
तो कभी अपने जख्मों को समेटने में,
कभी मिलने की आशा में
तो कभी बिछड़ने के

विषाद में
मन के भीतर का
 इक कोना
सदा ही
भीगा रहे।

राखी

पूर्णिमा का चांद
सदैव शीतल,
स्निग्ध पूर्ण शांत,
किन्तु दूर देश में
ब्याही बहन का मन
है अति अशान्त
अपने प्रिय भाइयों की
मधुर स्मृति में,
कुछ क्षणों के लिए
नम हो जाते उसके नयन
दूर बैठी अपने भाइयों
की कुशल मंगल
कामना करती
प्रभु को बार बार करे नमन।

अपने हाथ से लिख कर
चिट्ठी
बड़े जतन से
भेजे राखी बहन,
बांधी होगी राखी
भाई ने कलाई पर,

इसी आनंद में विभोर हो
नाच उठे उसका मन ,
कलाइयों को छू न सकी
तो क्या ?
मीलों की दूरियां भी
तोड़ न सकेंगी
भाई बहन का
पवित्र प्रेम बंधन।

ईश्वर से
भाई की दीर्घायु हेतु
प्रार्थना करता
बहनों का तड़पता मन।

पूर्णिमा का चांद,
कितना शीतल, कितना शांत ,
पर,
दूर देश में बैठी
बहना का मन,
हो उठता अशान्त।

राष्ट्र, तू है किसका?

गा कर गीत , करें गुणगान तुम्हारा
करें अपनी ही विचार धारा से
झूठे आड़म्बर का सम्मान

छूते ऊँचाइयाँ , बांध लोकतंत्र को
कद्रदान राष्ट्रहित के
है वो डटे सदैव सीमा पर
बचाने जीवन कायर नागरिकों के
गोली खाते ये हमारे वीर जवान

ये दलाल , खाते है रिश्वत
करके सौदा रक्षा उपकरणों का
डूब जाते है कर्ज में छोटे किसान
तो ये घोटाले कर , दीवालिया बन
लेते है शरण विदेशों में
जाकर वहाँ बघारते अपनी शान

पसीना बहाते
खुदरा व्यापारी
बैंको मैं छोटे खाताधारियों का
काम ना करनेवाले

ये सरकारी वेतनधारी
सट्टेबाज जुआरी
जीते आरामपरस्त जीवन
किए अनेकों तमगे धारण

रेंगते कीड़ो की तरह ,
फटेहाल जीते-मरते बच्चे ,
अनेकों गुरू , पैगम्बर ,धर्मावलंबी,
चोलेधरी आये
अधर्म की रक्षा कर
बन गए समर्थ शाक्तिशाली
किन्तु ये धरती पर रेंगते
बिना रीढ़ की हड्डी वाले
पढ़ते बिकी खबरों को

किन्तु ये सितारे हो जाते विलुप्त
दिखाकर अपनी अदाकारी,
बेमौसमी बरसात की तरह

थपथपाते पीठ पत्थरबाजों की
दिलाते इनाम फरेबियों को
करके आदर्श नीति की बातें झूठी
करते हजम मिल-बाँट कर धन
हैं ये दो दल , विपक्ष- सत्ताधारी
अब तूही बता ऐ राष्ट्र,
तू है किसका ?

आंकड़े

हर साल
सरकारी आंकड़े
बहुत कुछ बताते
बहुत कुछ छिपाते
औरते पे होनेवाले
जुल्मों की दास्तानें
बयान करतें
हर साल
ये सरकारी आंकड़े
पिछले साल से
कई गुना, ज्यादा बढ़ जाते
और
कुछ ज्यादा
पुरानी धूलभरी फाइलों में
कहीं दब जातें
सरकार की नाकामियों को
छुपाने में, ये आंकड़े
कभी कभी
कामयाब भी हो जाते।

हर साल
ये आंकड़े

सिर्फ पीड़िता
गुमशुदा हुई
मारी गयी
जलाई गयी
बेची गयी
भगाई गयी
अधमरी जिन्दा
लड़कियों की ही
गिनती दर्शातें
फिर
हर नये साल में
ये आंकड़े
सरकारी कागजों पें
अपने आप
चढ़ जाते
छप जाते
कभी बची हुई
पुरानी फाइलों में
 कभी दीमक खाई हुई
कभी किसी दफतर के
किसी कुड़ेदान में
किसी गैर सरकारी
संस्था के
विशाल भवन में।
हर साल
ये आंकड़े
कई सामाजसेवियों के
जीने का जरिया
आसानी से बन जाते

ताकि वो रूदाली की तरह
झूठा क्रन्दन करते
रोते - चीखतें
छातियाँ पीटतें
अपने मुंह मिया मिट्ठू बनने में
मशगूल हो जाते।
सरकार से
विभाग के बाबुओं से
समाज के ठेकेदारों से
पैसा लेकर काम करनेवाले
सामाजिक संगठनों से
विपक्षि नेताओं से
बिकते अखबारों से
टीवी चैनल में बैठे
दोगले शोर मचाने वालों से
क्यों नहीं माँगते
तुम वो आंकड़े -
उन
राह चलती लड़कियों को
छेड़नेवाले रोमियों के,
एक तरफा प्रेम में नाकाम
तेजाब फेकनेवालें दुष्टों के,
बीबी की पिटाई करनेवाले
उन नामर्दों के,
अकेली लड़की मिलते ही
उनका बलात्कार कर
जिन्दा जलाने वाले
दरिंदों के झुण्ड के,
मासूम बच्चों को

बहला - फुसला कर
अपनी हवस का
शिकार बनानेवालों के ?

क्यों नहीं मांगते
तुम वो आंकड़े
उन
दूर - दराज में बसी
गरीब, भोली आदिवासियों
की बेटियों को
बाजार में बेचने वाले
उन लालची दलालों के,
मजबूर लाचार की लड़कियों को
नौकरी का झांसा दे
कोठे पे ले जाके
जिस्मखोरी के धंधे में
धकेलने वाले सौदागरों के,
दुनियाँ के बाजार में
छुप छुप कर
जिस्मों को खरीदनेवालें
लज्जा के दाम
लगाने वाले उन ग्राहकों के,
जुर्म की शिकार होती
पीड़िताओं के नहीं
बल्कि
जुर्म करनेवालों के,
चाहिए आंकड़े
उन दोषियों के .....

चिरंतन

एक साथ जीवित रख सके जो, प्रेम-घृणा, पाप-पुण्य, जीवन-मृत्यु,
आदि काल की इस ताकत, हुनर को
न किसी समाज , न ही किसी शासन में,
इसे तो चिरंतन जीवित रखे मात्र महा निर्वाण का तंत्र।
पंच वैश्या बन कर
देवचक्र सिद्धि के मंत्र में,
कौटिल्य के अर्थशास्त्र मे ,
बन अविछिन्न अंग, उस राज तंत्र में,
आदि काल से, हर देश, हर परंपरा, हर सभ्यता में,
सामाजिक यथार्थ का माध्यम बन कर,
कभी वैदिक काल की अप्सराएं, तो कभी मिस्र, यूनान इंगलिस्तान
की गणिकाएं,
तो कभी मध्ययुग की नगरवधू
या फिर देवदासियां,
या मुस्लिम कौम में
तवायफ बन कर,
कामनाओं की क्षणिक पूर्ति के लिये सतह से नीचे गिरकर,
जटिल गोपनीय मन को समझने,
हर युग में एकमात्र ये काम जीवित रहा है।
पीड़ित बंदी का अवशेष लिए,
कलंकित परम्पराओं की निर्वासित आत्माये,

सूखी ऐंठी आशाएं लिए
नर्क में प्रतिदिन प्रवेश कर
मायावी सितारों सी नाचती,
उत्तेजित कामातुर पाषाण-हृदय दलालो से मुक्ति हेतु
कुछ कदम आगे बढ़े।
किन्तु लौटे उतने ही कदम लड़खड़ाते
निरंतर सुलगती कामुक लालसाओं के मनोरोगी,
रंगीन चटकीले परिधान पहन,
बाहर नाचें कठपुतलियां बन
तो, भारी आत्मा है भीतर
करें घृणा अपने ही अन्त:करण से
दिखाये जब कोई थोड़ी सी सहानुभूति,
मन में भरा सारा क्षोभ,
बिखर जाये क्षण भर में।
बन नैतिक शक्ति
बुना है बलवान समय महीन रेशों से
तभी तो सीलन भरे गर्भ गृह में अपना नाभिनाल काट पुन: उत्पन्न होते
मिटा नहीं पाया इनकी हस्ती को
भूत, वर्तमान, भविष्य,
ये चिरंतन जीवित हैं।

शवगृह

धूलभरी ठंडी उबाऊ इमारत,
दमघोंटू तीखी दवाइयों की गंध,
एक अजीब सन्नाटा,
उस पार कुछ भी नहीं,
शायद कोई और दुनिया भी नहीं।

उधार की थोड़ी सी
हिम्मत ले,
जिंदगी में पहलीबार
शवगृह के अंदर
रखा कदम,
यहां प्रेम, घृणा, जुगुप्सा नहीं
लगाव-अलगाव का डर भी नहीं,
क्रोध नहीं, मोह नहीं,
धरातल पर बसी यही तो है एक सच्चाई,
अटपटी कल्पनायें भी नहीं,
बीते वक्त की बेकाबू होती
बेचैनियां भी नहीं
ये दुनियाँ हमारी नहीं
पर इसके पार
शायद कोई दुनियाँ भी नहीं।

यहाँ तो सिर्फ एक विकरालता,
अंतहीन निस्तब्धता,
मैली चादर में लिपटे मनहूस माहौल,
क्रूरता के दंश से उदासीन
कायर चुप्पी
कैसे कैसे छद्मवेष में,
चुपचाप हैं अकड़े पड़े।
कोई सवाल-जवाब करते नहीं।

कटे हुए शरीर के गहरे घावों से,
सूखे लाल रक्त में लिपटी पट्टी,
जिन आंखों में नफरत थी बसती,
अब पत्थर सी पुतलियाँ भी
पलक झपकाती नहीं
तराशे दिमागों में समायी
गहरी शैतानियां भी अब उबरती नहीं
अलग-अलग सजदा करती ये लाशें,
आज यहां एकदम शांत,
एक साथ लेटी हुई
ललकारती चीखें
हथियार उठाए हाथ
धमनियों में नफरत भरा खून,
जो चाहते थे केवल तबाही,
आज निर्जीव से बिना लड़े
एक साथ पड़े हैं।
अब कोई आपस में लड़ते नहीं।

मंदिरों की आरती,
मस्जिदों की नमाज,
बुद्ध का सूत्र पाठ,
गुरुओं की गुरुवाणी,
गिरजा घरों की घंटी,
कोई भी दुआ यहाँ
काम करती नहीं।

दिमाग के तहखानों में,
छिपी नफरत की खोपड़ी,
आज टूट के पड़ी है,
चीरफाड़ कर सिलाई किये,
बेजान शरीर, जिनको कभी किसी माँ ने,
बड़ी ममता से सहलाया होगा
खुले-पड़े मुँह में
चूरी कूट कूट कर,
प्यार से डाली होगी ,
बदबूदार हाड़ माँस में दबी,
नफरतों का अब कोई हिमायती नहीं।

बाजुओं में बंधे पीर के तावीज
मजबूत कलाइयों में पड़े कड़े,
गले मे लटकती तुलसी माला में ,
अब कोई हरकत होती नहीं,
स्वयं को दूसरों से अलग
करने वाली इंसानी धारणा,
किसी को बचा सकी नहीं।

जो थे कभी दिल के टुकड़े,
आज लाश बन कर रह गए।
किंतु
उनकी पहचान जिँदा रहेगी,
इस्तेमाल होगी,
सियासी बयान बाजियों में।

■

श्रमिक दिवस

अपने शौक के लिए
आधुनिकता का बाना ओढ़े
तुमने न जाने कितने अपराध कर डाले

किया विवश विलुप्त होने के लिए
नन्ही चिड़िया तक को
उसके चहचहाने की नकल कर
स्वयं ट्वीट करने लगे

आसमान पर मोटी
रंगीन लकीरें क्या देखीं
उसे ही गर्व से
समृद्धि का संदेशवाहक बना डाला
क्या नहीं दिखती तुम्हें
बेसहारा गरीब श्रमिकों की पीड़ा
तुम तो झूम उठे सतरंगी इंद्रधनुष को देख
और, प्रकृति के इस अनूठे नजारे को
डाल दिया कोरोना महामारी के सिर
छीन ली वायरस ने मेहनती हाथों से रोजी
भूखे बच्चों के मुँह की रोटी
तो कहो कैसे लगे तुम्हें लुभावने
ये सतरंगी आसमान ?

बिगाड़ा तुम्हारी लालच ने
प्रकृति के संतुलन को
और लगे वसूलने गरीबों से
अपने आचरण की कीमत
हो जाओगे फिर से शामिल तुम
तरक्की की इस अंधाधुंध दौड़ में
किंतु क्या होगी तुम्हें चिंता
रोजी रोटी को तरसते भाई बंधुओं की ?

मत तलाश करो मुझ श्रमिक को
सरकारी आंकड़ों में
न करो ट्वीट, मैं तुम्हारे आस - पास ही हूँ
न दो बधाईयाँ मुझे श्रमिक दिवस की
तुम प्रसन्न रहो अपने वैभवशाली जीवन में
लौटा दो ग्रामीण स्वराज मेरा मुझे
लौटा दो गौरव मेरे हाथों का
लौटा दो मेरा अधिकार
आत्मसम्मान से जीने का।

जीवन शैली

विनम्र मुद्रा में
दोनों हाथ जोड़
जब हम नमस्ते करते,
तुम हमपर हँसते।

घरों में प्रवेश के पूर्व
दहलीज के बाहर
अपने हाँथ पाँव धोते,
तुम इसपर भी हँसते।

जंगल, पहाड़, बहते झरनों की
सबकी हम पूजा करते,
तुम हम पर हँसते।

चरते पशु, उड़ते पक्षी,
सबको हम देवता मानते,
तुम इसपर भी हँसते।

प्रियजनों की मृत्यु पर
उनके बिस्तर को जलाकर
खाक कर देते हम
इसपर भी तुम हँसते।

दाह संस्कार कर उनका
नहा कर, शुद्ध हो,
घाट से लौटते,
तब भी तुम हँसते।

नवजात शिशु को माँ के साथ
सूतक में जब सबसे अलग रखते
तुम तब भी हम पर हँसते।

साग सब्ज़ी, फल फूल
सब मौसम के अनुसार ही खाते,
तुम तब भी हँसते।

दूर प्रदेश में बसकर भी,
हम नियमों का पालन करते,
उसपर तुम हँसते।

खाते पीतल काँसे के बर्तन में,
पानी पीते मिट्टी के मटके का,
और तुम हम पर हँसते।

घर का भोजन ले जाते यात्रा में,
बिस्तर को भी ढो लेते,
तुम तब भी हम पर हँसते।

दातुन करते, मालिश करते,
मलमूत्र त्यागने घर से दूर जाते,
तब भी तुम हँसते।

पूजा करते धूप दीप जलाते,
घर मे हवन करते, मंत्र पढ़ते,
तब तुम हम पर हँसते।

खुले आकाश के नीचे
चाँद तारों के बीच सोते,
सूर्योदय से पूर्व ही उठ जाते,
तब भी तुम हम पर हँसते।

सूर्य चंद्र को अर्घ्य देते,
प्रकृति को माँ सा दुलार करते,
तुम हम पर हँसते।

अग्नि की साक्षी में,
हम विवाह के फेरे लेते,
शुभ-अशुभ मुहूर्तों का जोड़ तोड़ करते,
तो तुम हम पर हंसते।

मिल कर गिरते, संभलते,
एक दूसरे के सुख दु:ख में साथ निभाते,
मित्र-शत्रु को कांधा देने
सबसे पहले आते,
तुम हम पर हँसते।

वेद पुराण, उपनिषद, ज्योतिष,
सब पर करते भरोसा,
और तुम हम पर हँसते।

घर आंगन को, गोबर से लीपते,
द्वार पर रोज दिया जलाते,
तुम हम पर हंसते।

बदला समय, सिखा गया
हर उस हंसने वाले को
हमारी जीवन शैली !!!

तालाबन्दी

क्या है ये जीवन ?
उन अनजानी गलतियों की सजा
वो अपराध जो मुझसे
अनजाने में हुए

मेरे ही नहीं सबके हिस्से में है सजा
और कोई राह नहीं
इस लम्बे सफर की
मंजिल है मात्र अंत

इस सजा के दौर में
कोई आस पास नहीं
कोई मान सम्मान नहीं
अकेलापन जहां है क्रूरता
तो वहीं वरदान है एकांत

अकेलेपन में है तड़पती छटपटाहट
तो एकांत में है शांति प्रतिक्षण
शब्द एक के हैं भाव दो अलग।

मुझ दृष्टिहीन को दिखे न अंत:करण
तभी तो होता नहीं परिभाषित एकांत।

मोहजाल में अतृप्त आत्मा
भटकती रही आश्वासन की खोज में
किंतु भटके झुलसे रिश्ते
दे जाते हैं सजा।
समय के अर्थहीन फेंके टुकडे
भाव लिए मासूमियत का
करें प्रयास रिझाने का।

झांका जब मन के भीतर
तो पाया
पथ भी हम, पथिक भी हम
सागर भी हम, किनारा भी हम
अकेलेपन और एकांत के बीच का
माध्यम भी हम।
जानना है गर इस अबूझ पहेली का रहस्य
तो जान पाएँगे इसी अवधि में हम !!!

ये रोटियां

झूम उठता होगा प्रेम में औरों का मन
देख गगन में पूर्ण चन्द्र को
दीखती है उसमें भी रोटियाँ
हम बदनसीबों को।

थे कभी हम भी राजा
अपने मेहनती बाबा की छाया में
बड़ी मनुहार से गोद में बिठाकर
अपने हाथों से खिलाती थीं अम्मा रोटियाँ।

समय बदला, कर्ज के कागजों को
लज्जा से बगल में दबाये
जीवित रह पायें पेट की आग बुझाने को
स्वयं पकाते हैं कच्ची-पक्की बेस्वाद रोटियाँ।

वो मेरी नन्ही बिटिया की नन्ही सी चाहतें
तो नन्हे बेटे के सुनहरे सपने
घर आंगन, गाँव के खेत खलिहान
दिये थे कभी जिसे साथ निभाने के वचन
उसे ही दिया बांध, घर की जम्मिेदारियों के खूँटे से
और निकल पड़ा दूर कहीं कमाने रोटियाँ।

बसा ली बेगाने शहर में बस्तियाँ
बदबूदार , गंदी सीलन भरी कोठरियाँ
जहां थे कभी अन्नदाता, अनाज उगाने वाले हम
बन गये अब तो बेबस भूख के मजदूर
खा कर पुलिस की मार भी
नहीं फड़कती अब बाजू की मछलियाँ
खाकर झिड़कियाँ भी सहमे से
चुपचाप , बेशर्म हो
निकल पड़ते हैं फिर से कमाने रोटियाँ।

आती है याद बूढ़ी अम्मा , नन्ही बिटिया,
इन्तजार करती बीबी और बेटे के हिस्से की रोटियाँ

रोटियाँ ही तो गये थे कमाने
कहाँ-कहाँ ले गई ये रोटियाँ
इस जहां से ही ले गई रोटियाँ !!!

हम जरुर मिलेंगें

धरती पर बरसे
शोले, आग के अंगारे
या
कोई महामारी
फैला दे अपनी बाहें
सूनसान हो जायें राहें
शहर हो जायें वीरान
बस
इस विकट, विरल
विपत्ती के हालात में
जीने की आस का
कोना पकड़े
अपने दिल को देना
धड़कने
क्योंकि हम जरुर मिलेंगें

सावन फिर से आयेगा
झुम झुम के
रिमझिम बरसेगी फिर से
बारिश की बूँदें
काली घटाओं में

बेफिक्र हो फिर से
लुका छिपी खेलने
हम जरुर मिलेंगें।

हरियाली तीज के झूले
हाट - बाजार सजे टीलें
सूखे पड़े आँगन में
सुन्दर सी रंगोली सजायेंगे
नील गगन के बादलों के पार
फिर से पतंग उड़ायेंगे
हम जरुर मिलेगें

पीछे बहते दरिया में
नावों की दौड़ लगायेंगे
सांझे चुल्हों पर
मिलकर रोटियाँ पकायेंगे
टप्पे गायेंगे
बोलिया बोलेंगे
रविन्द्र संगीत गुनगुनायेंगे
शायरी की महफिल सजायेंगे

फिर से
माँ की गोद में
चुपके से सिर रख
लोरी सुनते सुनते सो जायेंगे
हम जरुर मिलेंगे
बेतुकी शर्तों पर
हार कर भी
ठहाके लगायेंगे

तारों की छाँव में
जंगलों में घूम घूम कर
महुआ के फूल चुरायेंगे

ताड़ी पीकर, मदमस्त होकर

धीम्सा नाच रचाएंगे
   तो कभी   मिलकर
      बिहु मनायेंगे

खोई, लोई, गुड़ से
   अपने ईष्टों को
     भोग चढ़ायेंगे
   हम जरुर मिलेंगे

ईद की मीठी सिवइयां खायेंगे
  होली के कच्चे - पक्के रंगों को
   एक दूजे पे लगायेंगे
दिवाली में जलते दियों से
  घरों को जगमगायेंगे
क्रिसमस के पेड़ के पास
  सान्ता को बुलायेंगे

जीवन की कच्ची डोर के
  टूटने से पहले
    हम जरुर मिलेंगे।

रेत

एक ही विस्तृत समुद्र
    फैला सम्पूर्ण जगत में
       पर नाम है उसके कई

एक ही रेगिस्तान
    समस्त जगत में बिखरा
       किन्तु पहचान उसकी कई

एक तरल, एक सरल
    फिर भी हैं कितने विकराल
एक रत्नों का है भण्डार
    जो लगे ना हाथ किसी के
दूजा है वो मृग मारिचिका
बुझे न किसी की प्यास

करें क्या हम हिसाब
इन मृग तृष्णाओं की गहराइयों का
एक के पानी से
बुझे न प्यास
तो दूसरे में नहीं दो बूँद भी पानी

एक के किनारे पटे हैं रेत से
तो दूजा बना है परत दर परत
टीले रेत के
सकता नहीं कोई जोड़ इन्हें

अलग -अलग हैं रूप दोनों का
फिर भी एक स्वभाव
समाये सभी बहारों को
अपने बवण्डरों में
ये अपार समुद्र
ये अथाह रेगिस्तान।

■

एक अनुभव

कई जगह ये पढ़ा और सुना है,
बनाया है सबको भगवान ने ,
मिट्टी के खिलौने है हम
उस परमात्मा के हाथों के।
चाहे जैसे नचाता है आदमी को,
कभी हँसाता तो कभी रूलाता है

सुना है कहीं ये भी
मूँद कर आँखें तौलता है
हम सबके कर्मों को
आता है जब प्रलय का दिन
तब देता है दण्ड हर अपराध का

कहीं ये भी सुना है
नाम है सब उसके ही
राम ,कृष्ण, बुद्ध और नानक
अलग - अलग राहें बतलाते सब
पर वो एक ही फैला है सबमें
वो ही है सबका दाता
वही माता वही पिता

बनाता है आदमी को
कभी राजा तो कभी रंक
देता है कभी जीवन तो कभी मृत्यु
वो ही है हमारा भाग्य विधाता

सच कहूँ तो
देखा है मैंने अपनी आँखों से
और किया है दिल ने अनुभव
मानव रचित इस धरती पर
परमात्मा भी नहीं है सुरक्षित

सताती है जब निर्मम भूख
सेक लेता है तब रोटियाँ
धर्म के चूल्हे पर,
भुना कर भगवान के नाम को।

लगती है जब प्यास
करा कर दंगा मासूमों में
तर करता है कंठ उनके खून से

धन एकत्र करने के लोभ में
मानव लूटता है कभी मन्दिरों को
तो ढहाता है कभी मस्जिदों को
बना देता है कभी
आतंकवादियो का अड्डा गुरुद्वारों को
छोड़ता नहीं ये चर्च को भी
बना डाला उसे जासूसों का डेरा

देखा है मैंने , इन्हीं आँखों से

और किया है अनुभव
भगवान ने मानव को नही ,
मानव ने बनाया है भगवान को
मतलब सिद्ध करने हेतु
पहना कर मानव ने भगवान को
 विभिन्न धर्मों का चोला
किया है अपमानित जगत में

देखा है मैंने अपनी आँखों से
और मन ने किया है अनुभव
बेबस है आज भगवान भी
अपनी ही बनाई आदम की रचना से।

चुनौती

मूर्खों के संग
या उनके बीच जीना
सचमुच आसान नहीं

क्योंकि वहाँ
कोई भी ज्ञान
साथ देता नहीं

मूर्खों की सबसे बड़ी विशेषता
वे अपने सामने
किसी को भी
बुद्धिमान मानते नहीं

उनकी मूर्खताओं
का सामना
तुम्हारे विवेक के अतिरिक्त
कोई और कर सकता नही।

तुम निरंतर आगे
बढ़ती जाओ
चुनौतियों का सामना करो

और अपने ज्ञान की परीक्षा
विद्वानों से ही करो।

तुम्हारे विवेक की परीक्षा
उन मूर्खों को करने दो

उनसे तर्क कभी करो मत
क्योंकि
मूर्ख कभी अपनी हार मानता नहीं
बुद्धिमत्ता को स्वीकारता नहीं
इसीलिए
मूर्खों के संग
उनके बीच जीना
सचमुच आसान नही।

अकेलापन

इस उदास से मौसम में
बाहर कहीं
दूर तक
कोई नजर
आता नहीं,
शायद सभी
अपने मन की
गहरी अंधेरी
कोठरियों में
सो रहे हैं।

लुकाछिपी खेलती बोझिल हवाएँ,
तारे भी अब टिमटिमाते नहीं।
लगता है टूटे तारे की तरह ,
वो भी कहीं खो गए है।
आखरी सांस लेते लेते
मौत की आगोश में,
सभी कहीं थम से गए है।

शीशे पर जमी धूल
साफ कर के भी

अक्स पहचाने न जाएँ,
वो भी कहीं ऊबे दिल से
चीखों को, दूर कही गुफा में,
ढूंढने चले गए हैं।

जब शरीफों ने शराफत
का लिबास उतारा,
बेरहम नीला आसमान,
सहमे सितारे, सब रास्ता भूल
जिंदा रहने,
फिर से वापस जा रहे हैं।
चारो ओर खड़े लंबे ऊंचे पेड़,
उनके डर से, बन गए खूंखार प्रहरी
मेरे मन के घोसलों
में बसे पंछी,
मुझे छोड़ कहीं दूर
उड़े जा रहे हैं।
अपनी नादानियों को
विदा देती,
चेहरे पर तजुर्बों
की लकीरें,
घने कोहरों से
नरम चांदनी से
बदन लिए,
किसी अंजाने
ठिकाने की ओर
मेरे कदम,
बढ़ते जा रहे है।

खनकती जंजीरों में बंधे
रिश्ते नाते,
चरमराती परंपराएं,
दूषित रीति रिवाज,
सब जैसे
बेवफा माशूक की तरह
पीछे छूटे जा रहे हैं।

चिरैया

यहाँ वहाँ उड़ती-फिरती,
दाना-पानी की आस में,
पंख पसारे कितना भटकती।
छोटी सी शाखाओं पर,
बने प्यारे से घोंसले को,
तिनका - तिनका जोड़, कैसे बनाती हो ?
कहाँ की चिरैया हो ?

बेमौसम बारिश, तूफान, बवन्डर में
अपने नन्हे परिन्दों का,
कैसे ख्याल रखती हो ?
टूटे घोंसलों को, फिर से बुनती हो,
न थकती हो, न रूकती हो,
बार बार पस्त होकर भी,
फिर से उड़ान भरती हो।
उन्हीं तूफानों से बतियाती हो,
बेमौसम बारिश से, याराना करती हो।

पहाड़ों में, घाटियों में,
दूर-दूर वादियों में,
घनी शहर की बस्तियों में,

नदियों के किनारों में,
झरनों के बहाव में,
ना जाने कहाँ - कहाँ
उड़ती-फिरती हो।
इतना दम इतना हौसला,
तुम नन्ही सी जान,
कहाँ से लाती हो ?
कहाँ की चिरैया हो ?

न सोती हो, न चैन से बैठती हो,
वीरानों में भी चहकती हो,
बेसुरे कौवों के बीच,
सुरीली सी तान में कुहकती हो।
पसन्द नहीं कैद में रहना,
पिंजरे में लाख प्रेम जतन से,
कोई बसा न पाए तुम्हें,
माया के भ्रमजाल में।

कभी भी फँसती नहीं,
चाहे कटे पंख,
या हो ठोस प्रेम की कैद,
मौका पाते ही फुर्र से उड़ जाती हो
कहाँ की चिरैया हो ?

मन की चाहतें

मन की चाहतें
बहुत ही भोली
इन्हें जन्म के लिये
किसी की कोख की
जरुरत नहीं
बस ऐसे ही
कहीं भी
यूँ ही
बिना बीज के
पनप जाये
कभी नीले गगन के परे
फुर्र से उड़ जाये
तो अगले ही पल
मन की गहराई में
सीप के मोती की तरह
अपना बसेरा बनाये
मन की चाहतें
कुछ अल्हड़ सी
अपने पाँव
जमीन पर टिकने ना दे
बस अपने ही

सपनों को अनोखी
दुनिया में
घूमती रहें
हकीकत से टकरा
ना जाने कितनी बार
धूप के तेज
कणों की तरह
इधर-उधर
बिखरकर भी
फिर से
करे सच्चाई का सामना
घमण्ड से
तन के
सिर उठाके जिये
ये भी ना
बड़ी नादान
शान्त स्थिर चेतना में
अचानक कौंधे
बिजली सी
जैसे
सारी तपस्याओं
को तोड़, बर्बाद कर
खुद बुत बन जायें
ना जाने
किसने दिया इन्हें
सदाबहार रहने का
वरदान
मस्त रहे
आजाद रहे

आबाद रहे
कभी ना होती बुढ़ी
चाहे उम्र जितनी बीत जाए
हर अंजाम से बेखौफ
मस्त, नादान
मुझे जीने की राह
दिखाती जायें।

पैसा

क्या है ये पैसा ?
भगवान है
खुदा है
मसीहा है
किसी अनुभवी ने
तैश में था कहा।
आज अस्पताल के बिस्तर पर
ठंड़ा सा लेटा हुआ
बेजान शरीर
नकली सांसो के दम पर
चल रहा।

क्या है ये पैसा ?
रब नहीं पर
रब से कम नहीं,
ऐसा किसी सयाने
सौदागर ने था कहा।
आज वो
डूबते बाजार में
बेआबरू सा
पैसे के सहारे

उबरने की
नाकाम कोशिश कर रहा।

क्या है ये पैसा ?
हमारी इकलौती ताकत।
ऐसा एक अक्लमन्द था बोला।
आज वो
खुद अकेला
एक नन्हे से
अदृश्य जीवाणु से
जी जान लगा लड़ते हुए,
धीरे धीरे मर रहा।

क्या है ये पैसा ?
हाथ का है मैल
ऐसा किसी साधु ने था कहा
वो रोज
प्रभु लीला के
वचन सुनाए
हजारों भक्तों को।
लाखों माँगे
एक कथा के।
अपने उन्हीं हाथों के
मैल के ढेर पर बैठ
सब बदबूदार बनाये।

क्या है ये पैसा ?
जहर है जी
यही कहा था

एक सज्जन ने ।
आज अपने परिवार के लिये
कभी खेतों में
कभी खलियानों में
तो कभी कारखानों में
हाट-बाजारों में
जहर वह बेच रहा।

क्या है ये पैसा ?
जान सको
अगर कभी तुम
मुझे बता देना।
बिन पैसे जिया कैसे जाए,
ये मन्त्र बता देना।

रुक जाना नहीं

जीवन की तपती रेत पर
झुलसते पैरों की पीड़ा,
फिर भी तुम रुक जाना नहीं।

अनंत यथार्थ के संघर्ष में
असीम दु:ख दर्द में
निराश होना नहीं
फिर भी तुम रुक जाना नहीं।

परम्परागत ढाँचों की ठेकेदारी में
दोयम होती जन्दिगी
माना कि साधन हीन, शक्ति हीन है
अपने तीखे विद्रोह
 कम करना नहीं
 फिर भी तुम रुक जाना नहीं।

मुक्ति

लिया है जन्म तो
जीवन में सुख-दुख दोनों होंगे
उनके कुछ कारण होंगे
तो कुछ निवारण भी होंगे

कर मत तलाश
    अपने दु:खों के कारण को
      दूसरों की गलतियों में
जमायें होंगे घरौंदे कभी
उन्होने छुप कर
    तुम्हारे दिल के अंधेरों में

यूँ ही मत भटक ,
 अपने अपराधों का लांछन
  कब तक औरों के सिर मढ़ोगे ?
 जो कर दे भस्म तुम्हें

दिखा न पायेंगे तुम्हें कोई राह
पैगम्बर , प्रभु अथवा गुरू
तुम्हारे अहम के गहन अंधकार से
    वो भी हार जायेंगे

उठो !और जलाओ
एक ऐसी ज्वाला अपने अन्दर
जिसके प्रकाश स्नान में
 तुम स्वयं जगमगा जाओ
 तभी पा सकोगे मुक्ति
 इन दुखों से।

रचयिता

ब्रह्माण्ड का रचयिता एक
जीवन मृत्यु की श्वासों में
उसके रूप अनेक
कभी आकार, कभी निराकार।
सगुण- निर्गुण में
विचरित वो ही भेद
वो ही अभेद
सिमरन भी वो ही
कभी बोधि, कभी ज्ञान
श्रुति वो, स्मृति वो
कभी चेतना, कभी ध्यान
कहीं शुन्य कहीं सर्वविद्यमान
अणु भी वो
विराट भी वो
हर प्रश्न का उत्तर वो
बहुवाद मे एकवाद लिए
पाप पुण्य के चक्र में
स्वर्ग नरक वो
अदृश्य दृष्टा शक्तिपुंज
अवचेतन मन की चेतना
सजदा करो, शीश झुकाओ

यज्ञ, वंदना या प्रार्थना
आस्तिक नास्तिक के तर्क मे लिप्त
मोहमाया का मोक्ष वो ही
ना किसी का बैर ना मित्र
आत्मा मे बसा परमात्मा वो।

■

www.ingramcontent.com/pod-product-compliance
Lightning Source LLC
Chambersburg PA
CBHW031124080526
44587CB00011B/1107